世界《せかい》のファスナー王《おう》　吉田忠雄《よしだただお》は、
自《みずか》らの特別《とくべつ》な〝考《かんが》え方《かた》〟を、いろいろな「ことば」で、
私《わたし》たちにのこしてくれました。
この本《ほん》では、その中《なか》でも、みなさんが困《こま》っているとき、
何《なに》かに取《と》り組《く》むときなどに、知《し》ってほしい、
21のことばを紹介《しょうかい》します。
「吉田忠雄《よしだただお》のことば」が、さまざまな場面《ばめん》で、
みなさんのヒントになればと願《ねが》っています。

みんなに伝えたい

世界のファスナー王

吉田忠雄のことば

未来に語りつぐ吉田忠雄の名言から

ことば　吉《よし》田《だ》忠《ただ》雄《お》

千広企画

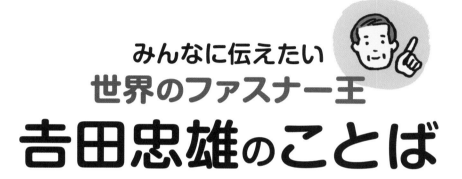

吉田忠雄《よしだただお》のことばには、
「人《ひと》を愛《あい》すること」「夢《ゆめ》をえがくこと」
「挑戦《ちょうせん》をつづけること」の大切《たいせつ》さが込《こ》められています。
吉田忠雄《よしだただお》が私《わたし》たちにのこしてくれた、
愛《あい》・夢《ゆめ》・挑戦《ちょうせん》のことばを、
困《こま》っているとき、何《なに》かに取《と》り組《く》むときの
ヒントにしてみましょう。

もくじ

夢

挑戦

世界《せかい》のファスナー王《おう》

吉田忠雄《よしだただお》

1年間《ねんかん》で200万《まん》キロメートル！
それは地球《ちきゅう》をぐるぐると50周《しゅう》も回《まわ》ることができるとてつもない長《なが》さ。
そんなにもたくさんのファスナーが、目《め》にもとまらぬスピードでつくり出《だ》されます。

およそ2万人《まんにん》の仲間《なかま》たちがつくりだすファスナーは、100をこえる国《くに》や地域《ちいき》・世界《せかい》のすみずみに届《とど》けられ、人々《ひとびと》の暮《く》らしに役立《やくだ》っています。

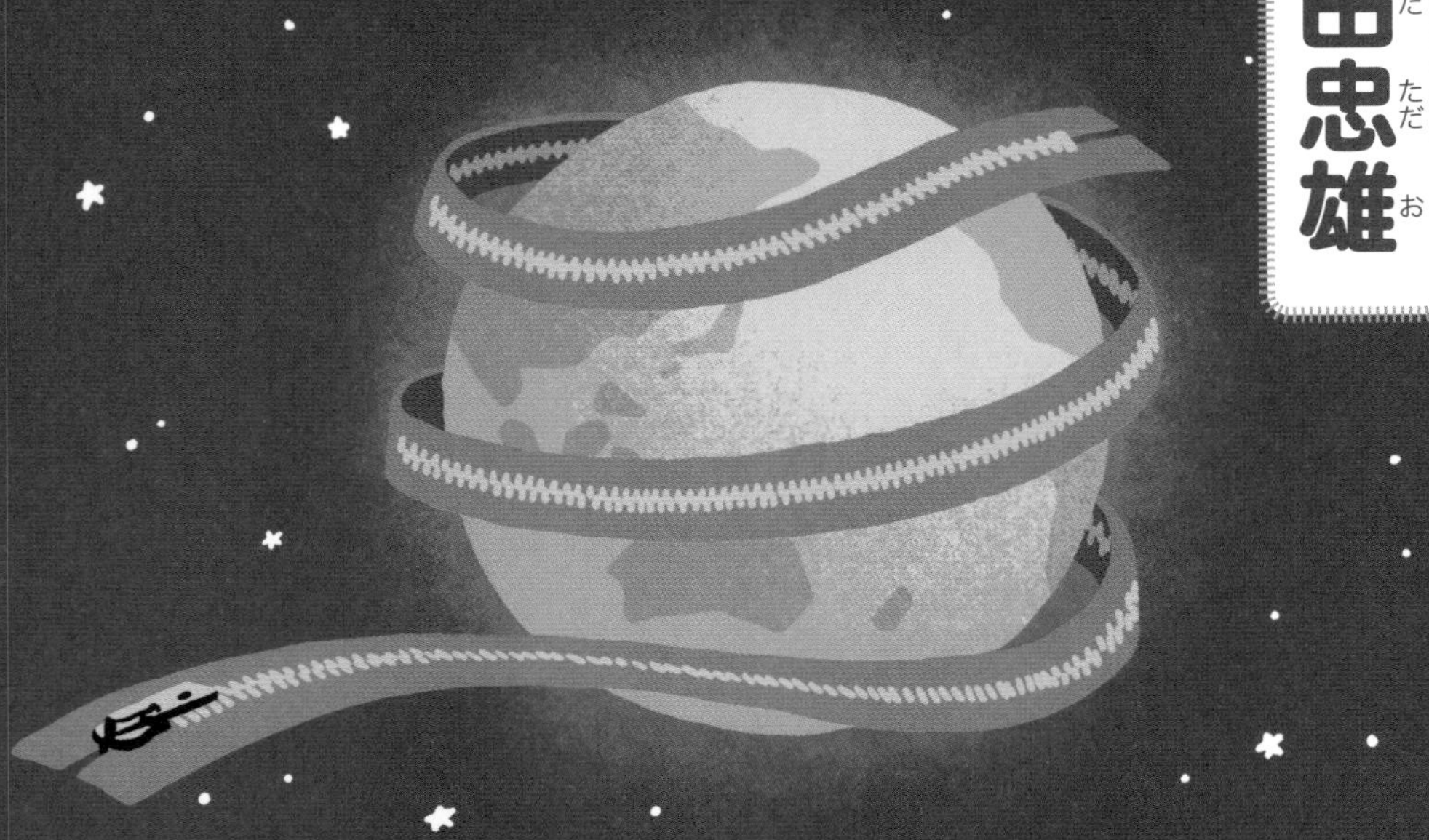

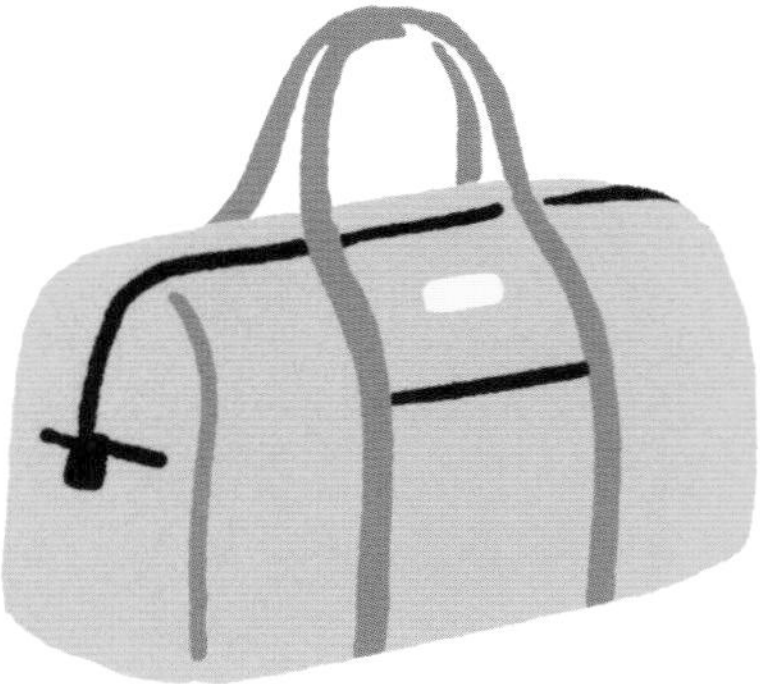

初《はじ》めてファスナーと出会《であ》ってから、およそ50年《ねん》。

壊《こわ》れやすいファスナーも多《おお》かった当《とう》時《じ》、吉田忠雄《よしだただお》は、丈夫《じょうぶ》で使《つか》いやすいファスナーを、誰《だれ》もが気軽《きがる》に使《つか》うことができるよう、世界中《せかいじゅう》へ広《ひろ》めることに情熱《じょうねつ》を注《そそ》ぎました。

吉田忠雄《よしだただお》は、どんなに遠《とお》い所《ところ》でも出《で》かけていき、直接見《ちょくせつみ》て調《しら》べ、よく話《はなし》を聞《き》いて、みんなと一緒《いっしょ》に材料《ざいりょう》づくりから工夫《くふう》と発明《はつめい》を重《かさ》ね、誰《だれ》も思《おも》いつくことのできなかったすぐれたファスナーを、どんどんつくりました。

みんなが着《き》ている洋服《ようふく》、いつも使《つか》っている靴《くつ》やカバンなど、世界中《せかいじゅう》の人々《ひとびと》が吉田忠雄《よしだただお》のファスナーを信頼《しんらい》し、使《つか》ってくれるようになりました。

※数字《すうじ》は1984年《ねん》(創業《そうぎょう》50年《ねん》)当時《とうじ》のものです。

アメリカ、ヨーロッパ、アジア、アフリカ…

どうすれば、その土地《とち》の人々《ひとびと》の役《やく》に立《た》てるのか？　どうすれば、みんなが幸《しあわ》せになれるのか？　どうすれば、みんなが幸せになれるのか？　吉田忠雄《よしだただお》は世界《せかい》各地《かくち》の人々《ひとびと》によりそい、みんなが豊《ゆた》かで楽《たの》しい暮《く》らしをおくれるように力《ちから》をつくしました。

やがて人々《ひとびと》は、つねに挑戦《ちょうせん》をつづけるこのリーダーを、尊敬《そんけい》と親《した》しみを込《こ》めて「世界《せかい》のファスナー王《おう》」と呼《よ》ぶようになりました。

善《よ》いことの輪《わ》を広《ひろ》げよう

吉田忠雄《よしだただお》
1908（明治《めいじ》41）年《ねん》〜
1993（平成《へいせい》5）年《ねん》
富山県魚津市出身《とやまけんうおづししゅっしん》

いつも挑戦《ちょうせん》しつづけた、世界《せかい》のファスナー王《おう》。

その原動力《げんどうりょく》のヒミツは、ふるさとの自然《しぜん》や自《みずか》らの経験《けいけん》から学《まな》んだ、吉田忠雄《よしだただお》ならではの特別《とくべつ》な〝考《かん》え方《かた》〟にあります。

吉田忠雄《よしだただお》は、自《みずか》らが貫《つらぬ》いたその〝考《かん》え方《かた》〟を、いろいろな「ことば」で、私《わたし》たちにのこしてくれました。

それらの「ことば」には深《ふか》い愛《あい》や知恵《ちえ》があふれていて、私《わたし》たちが自分《じぶん》で何《なに》かに取《と》り組《く》むときや、他《ほか》の人《ひと》たちと一緒《いっしょ》に行動《こうどう》するときに役立《やくだ》つ、ヒントがたくさん込《こ》められています。

そして、その中心《ちゅうしん》となるもっとも大切《たいせつ》な考《かんが》え方《かた》が、「善《ぜん》の巡環《じゅんかん》」です。

この書《しょ》について

この書《しょ》は、吉田忠雄《よしだただお》が右《みぎ》から左《ひだり》に「善《ぜん》の巡環《じゅんかん》」と墨《すみ》で書《か》いたものです。日本《にほん》ではむかし、縦書《たてが》きと同《おな》じように、横書《よこが》きも右《みぎ》から左《ひだり》へ書《か》くことがありました。またこの書《しょ》は、昔《むかし》から中国《ちゅうごく》にあった篆書《てんしょ》という文字《もじ》の形《かたち》を手本《てほん》に書《か》かれています。

善《ぜん》の巡環《じゅんかん》

“他人《たにん》の利益《りえき》を図《はか》らずして自《みずか》らの繁栄《はんえい》はない”

利益《りえき》とは「お金《かね》もうけ」のことだけではありません。笑顔《えがお》になれること。うれしいこと。幸《しあわ》せと感《かん》じること。それらはみんな、その人にとっての利益《りえき》です。

　このように人《ひと》が笑顔《えがお》に、うれしく、幸《しあわ》せになる利益《りえき》のことを、吉田忠雄《よしだただお》は『善《よいこと》』と呼《よ》びました。そして世《よ》の中《なか》のみんな一人一人《ひとりひとり》が、相手《あいて》が笑顔《えがお》になるよう、幸《しあわ》せになるよう思《おも》いやり、行動《こうどう》すれば、その『善《よいこと》』は人《ひと》から人《ひと》へ、次々《つぎつぎ》とみんなの間《あいだ》に広《ひろ》がりつづけ、『善《よいこと》』の輪《わ》ができて、相手《あいて》も自分《じぶん》もみんなが幸《しあわ》せになれると考《かんが》えたのです。

　この『善《よいこと》』の輪《わ》を、みんな一人《ひとり》一人《ひとり》が心《こころ》がけるかぎり、いつまでも消《き》えることはなく、どんどんと大《おお》きくなります。そして世界中《せかいじゅう》の人々《ひとびと》の間《あいだ》に広《ひろ》がっていきます。

　この〝考《かんが》え方《かた》〟を、吉田忠雄《よしだただお》は「善《ぜん》の巡環《じゅんかん》」と呼《よ》びました。

どうすればその人《ひと》が笑顔《えがお》になるだろうか？　吉田忠雄《よしだただお》を中心《ちゅうしん》に、『善《よいこと》』が広《ひろ》がりつづけました。

「相手《あいて》のことを思《おも》いやり、行動《こうどう》することで、その人《ひと》はきっと喜《よろこ》んでくれる。相手《あいて》が喜《よろこ》ぶと、自分《じぶん》もうれしくなる」

まわりの人《ひと》に感謝《かんしゃ》し、大《おお》きな夢《ゆめ》をえがいて、挑戦《ちょうせん》しつづけた吉田忠雄《よしだただお》は、世界《せかい》のどこへでも出《で》かけていき、誰《だれ》とでも話《はなし》をしました。そして、多《おお》くの人《ひと》たちが吉田忠雄《よしだただお》から「善《ぜん》の巡環《じゅんかん》」という考《かんが》え方《かた》のプレゼントを受《う》け取《と》ったのです。

愛

まわりの人《ひと》を愛《あい》そう

みんなが喜《よろこ》んでくれることを
あなたが実《じつ》現《げん》できたら、
みんなといっしょに幸《しあわ》せになれます。
まわりの人《ひと》々《びと》への愛《あい》を
いつもわすれないようにしましょう。

Q 知《し》らない所《ところ》でも、友《とも》だちをつくりたい

土《と》地《ち》っ子《こ》になれ

知《し》り合《あ》いがいない新《あたら》しい所《ところ》へ移《うつ》ったときに、
前《まえ》からそこにいる人《ひと》たちと友《とも》だちになるには、
どうしたら良《よ》いでしょう？

まずは相手《あいて》を思《おも》いやり、
もし自分《じぶん》がその土地《とち》で生《う》まれ育《そだ》ったとしたら、
と想像《そうぞう》してみましょう。
また、そこがどんな場所《ばしょ》かを調《しら》べていけば、
知《し》らない所《ところ》でも、
どこか好《す》きなものが見《み》つかるものです。
そうすることで、
知《し》らない所《ところ》でもすぐに、
みんなに歓迎《かんげい》されて、友《とも》だちができます。

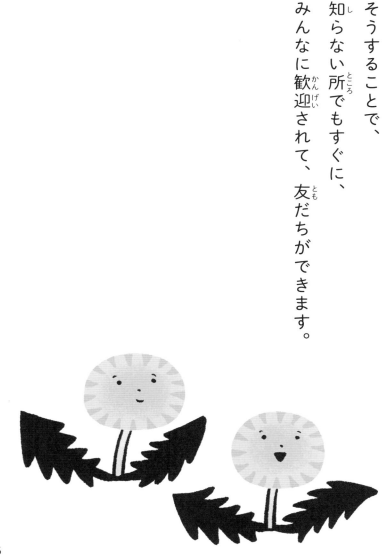

Q チームワークって何《なに》？

太《たい》樹《じゅ》より〝森《しん》林《りん》〟

足《あし》の速《はや》い子《こ》、力《ちから》の強《つよ》い子《こ》、
計算《けいさん》が得意《とくい》な子《こ》、音楽《おんがく》が上手《じょうず》な子《こ》。
一人《ひとり》一人《ひとり》はちがっても、
みんなの力《ちから》を一《ひと》つにすることで、
一人《ひとり》よりもずっと大《おお》きな力《ちから》が生《う》まれます。
大《おお》きな一本《いっぽん》の大木《たいぼく》ではなく、
太《ふと》い木《き》や細《ほそ》い木《き》、高《たか》い木《き》や低《ひく》い木《き》など、
さまざまな木々《きぎ》が集《あつ》まった森林《しんりん》が
みんなで雨《あめ》や風《かぜ》に耐《た》えて成長《せいちょう》するように、
あなたも仲間《なかま》と助《たす》け合《あ》って
大《おお》きな目標《もくひょう》に取《と》り組《く》みましょう。

Q どうして信《しん》じてくれないの？

信用《しんよう》とは他人《たにん》がつけてくれるもの

自分《じぶん》が信用《しんよう》されていないと感《かん》じたら、
その原因《げんいん》は相手《あいて》ではなく
自分《じぶん》にあるのかもしれません。
相手《あいて》が困《こま》るようなことをしたり、
ウソでごまかしたりしていませんか？
やっと集《あつ》めた信用《しんよう》の星《ほし》も、
一度《いちど》でも転《ころ》んだら全部《ぜんぶ》こぼれて、
あっという間《ま》に失《うしな》ってしまいます。
日《ひ》ごろから正《ただ》しい行《おこな》いをつづけようと、
コツコツ努力《どりょく》を積《つ》み重《かさ》ねることで、
人《ひと》は必《かなら》ずあなたを認《みと》めてくれます。

Q 外国《がいこく》の人《ひと》と仲良《なかよ》くしたい！

地球《ちきゅう》を一つの国《くに》としてとらえよう

外国《がいこく》の人《ひと》と触《ふ》れ合《あ》うとき、自分《じぶん》が「日本人《にほんじん》だ」と意識《いしき》しすぎると、心《こころ》を通《つう》じ合《あ》わせることが難《むずか》しくなるでしょう。

外国《がいこく》の人《ひと》と仲良《なかよ》くするには、自分《じぶん》は相手《あいて》とは違《ちが》うといった心《こころ》の壁《かべ》を持《も》たないこと、例《たと》えば日本人《にほんじん》と外国人《がいこくじん》といった区別《くべつ》をしない考《かんが》え方《かた》を身《み》につけましょう。

日本人《にほんじん》も外国人《がいこくじん》もみな同《おな》じです。

これからは地球《ちきゅう》を一《ひと》つの国《くに》と考《かんが》えるくらいの気持《きも》ちが必要《ひつよう》です。

Q

ホンモノの力《ちから》を身《み》につけたい

愛《あい》するにふさわしい力《ちから》をつける

力《ちから》が強《つよ》いだけだったり、何《なに》かが上手《じょうず》なだけだったりでは、
ホンモノの力《ちから》とは言《い》えません。
例《たと》えばあなたが、何《なに》かの選手《せんしゅ》になりたいなら、
まずはそれを上手《じょうず》にできるようになる
必要《ひつよう》があるでしょう。
そのうえで、みんなへの感謝《かんしゃ》を忘《わす》れず、
ファンを愛《あい》することも大事《だいじ》です。
家族《かぞく》を大切《たいせつ》にしたいなら、家族《かぞく》を守《まも》れる強《つよ》さと共《とも》に、
家族《かぞく》から愛《あい》される優《やさ》しさも必要《ひつよう》です。
このように「愛《あい》する、愛《あい》される」にふさわしい力《ちから》こそ、
ホンモノの力《ちから》なのです。

Q 友《とも》だちが言《い》うことを聞《き》いてくれない

「ねまり弁《べん》慶《けい》」になってはいけません

「ねまる」とは富山《とやま》の方言《ほうげん》で
「座《すわ》る」という意味《いみ》です。
弁慶《べんけい》とは昔《むかし》の人《ひと》で、
とても力《ちから》のある人《ひと》でした。
「ねまり弁慶《べんけい》」とは、力《ちから》のある人《ひと》が
座《すわ》って命令《めいれい》するだけという意味《いみ》です。
このように
「威張《いば》って命令《めいれい》するだけ、口《くち》だけの人《ひと》」
になってはいけません。
相手《あいて》に何《なに》かをお願《ねが》いするときは、
一緒《いっしょ》になって協力《きょうりょく》し、
自分《じぶん》も手《て》を動《うご》かして
取《と》り組《く》まなければなりません。

Q 良《よ》いリーダーになりたい！

一緒《いっしょ》に歩《あゆ》み 繁栄《はんえい》の輪《わ》を 広《ひろ》げよう

リーダーになったからといって、
偉《えら》そうにしてはいけません。
リーダーはメンバーと一緒《いっしょ》になって考《かんが》え、
全員《ぜんいん》の力《ちから》を借《か》りて、みんなと手《て》を取《と》り合《あ》い
協力《きょうりょく》して取《と》り組《く》むという考《かんが》え方《かた》が重要《じゅうよう》です。
お互《たが》いに心《こころ》を通《つう》じ合《あ》わせ、一人《ひとり》一人《ひとり》が
力《ちから》を発揮《はっき》してこそ、ものすごい力《ちから》が生《う》まれ、
良《よ》い結果《けっか》につながるのです。

大《おお》きな夢《ゆめ》をえがこう

大《おお》きな夢《ゆめ》をかかげましょう。
その夢《ゆめ》を実現《じつげん》するために、
目標《もくひょう》を持《も》って
ものごとに取《と》り組《く》みましょう。

Q ヒーローになりたい！

立派《りっぱ》な人間《にんげん》に なってほしいが、 偉《えら》い人《ひと》に なってはならん

力《ちから》が強《つよ》かったり、威張《いば》ったりしているのが
立派《りっぱ》ですごい人《ひと》ではありません。
本当《ほんとう》に立派《りっぱ》ですごい人《ひと》は、何事《なにごと》も一生懸命《いっしょうけんめい》頑張《がんば》り、
まわりの人《ひと》の話《はなし》をよく聞《き》いて、いつも人《ひと》に優《やさ》しく接《せっ》します。
正義《せいぎ》の味方《みかた》やヒーローは、
力《ちから》が強《つよ》いからすごいのではありません。
みんなが困《こま》ったときに助《たす》けてくれるから尊敬《そんけい》されるのです。
みんなも、そういった立派《りっぱ》ですごい人《ひと》を目指《めざ》してください。

Q やりたいことがハッキリしない

一《ひと》つずつさかのぼって考《かんが》えてみる

あなたが「やりたいこと」は何《なん》ですか？
また、その「やりたいこと」をつづけ、
最後《さいご》はどうなりたいのですか？
「やりたいこと」の目的《もくてき》や目標《もくひょう》について
考《かんが》えてみましょう。
何《なに》をしたいか、どうしてやりたいのか、
どのように工夫《くふう》して取《と》り組《く》めば
「やりたいこと」にたどり着《つ》けるのか。
一《ひと》つずつ原点《げんてん》に戻《もど》るように
さかのぼって考《かんが》えてみることは、
「夢《ゆめ》」の実現《じつげん》にとても大切《たいせつ》なことです。

Q

新《あたら》しい自《じ》分《ぶん》を見《み》つけたい！

頭《あたま》に絵《え》をえがいて新《しん》鮮《せん》な毎《まい》日《にち》を

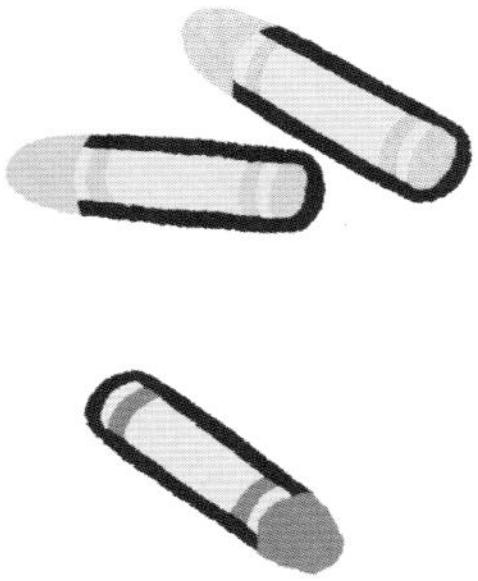

普段《ふだん》何気《なにげ》なく見《み》ているものでも、
考《かんが》えを広《ひろ》げていくと、
新《あたら》しいアイデアがわいたりして、
毎日《まいにち》が新鮮《しんせん》に感《かん》じられます。
自分《じぶん》のやりたいことや夢《ゆめ》について、
普段《ふだん》から頭《あたま》の中《なか》で絵《え》をえがくようにして、
いろいろと考《かんが》えてみましょう。
あなたの夢《ゆめ》がよりハッキリと見《み》えてきて、
時《とき》には思《おも》いがけない発見《はっけん》につながり、
毎日《まいにち》の生活《せいかつ》が楽《たの》しくなります。

Q 思《おも》い通《どお》りにいかないとき

そのときできることに全力《ぜんりょく》投球《とうきゅう》しよう

希望《きぼう》を持《も》っていても、
時《とき》には思《おも》い通《どお》りにいかないこともあります。
もしかしたら自分《じぶん》が思《おも》いもしなかった道《みち》に
進《すす》むこともあるかもしれません。
そんなときでも、自分《じぶん》が進《すす》んだ道《みち》で
一生懸命《いっしょうけんめい》に頑張《がんば》ることが大切《たいせつ》です。
やりたいことしかしないのではなく、
そこで今《いま》できることを頑張《がんば》るのです。
思《おも》っているよりもはるかに希望《きぼう》に近《ちか》い成功《せいこう》が、
その先《さき》に待《ま》っています。

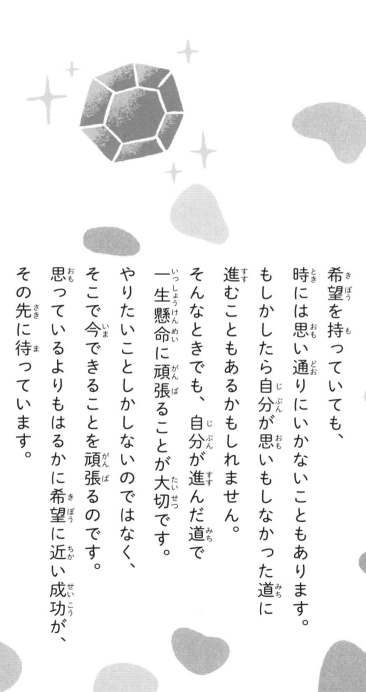

Q 夢《ゆめ》について考《かんが》える

本《ほん》当《とう》の豊《ゆた》かさとは

心《こころ》が満《み》たされ、満足《まんぞく》することを、
「豊《ゆた》かになった」と言《い》います。
しかしお金《かね》がいっぱいあり、
何《なん》でも手《て》に入《はい》るからといって、
人《ひと》は「豊《ゆた》かになった」とは思《おも》えないものです。
お金《かね》やものはいつかなくなってしまうからです。
昔《むかし》、清《きよ》らかな水《みず》がわき出《で》ることを
「豊《ゆた》かさ」と考《かんが》えた人《ひと》がいました。
あなたにとっての「豊《ゆた》かさ」とは何《なん》でしょう？
それを考《かんが》えることは、
あなたの夢《ゆめ》について考《かんが》えることに近《ちか》いかもしれません。

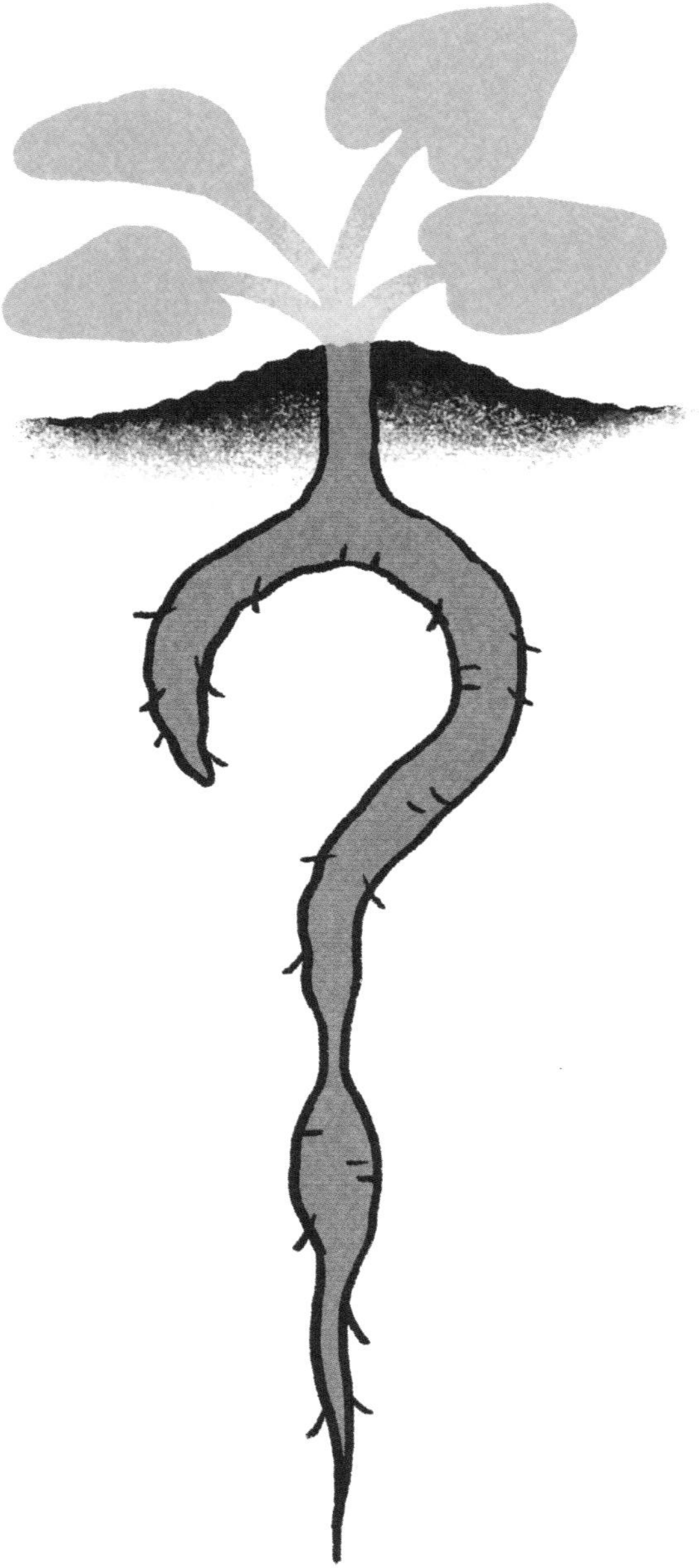

Q

なぜ？と ふしぎに思《おも》ったら

ゴンボの末《すえ》まで

なぜ？　とふしぎに思《おも》うことは大切《たいせつ》です。
そのなぜ？　を、わからないままにせず、
調《しら》べて確《たし》かめようとする気《き》持《も》ちを、好奇心《こうきしん》と言《い》います。
好奇心《こうきしん》をもって先生《せんせい》に質問《しつもん》したり、本《ほん》を調《しら》べることで、
自分《じぶん》に力《ちから》がついていきます。
ゴンボとは富山《とやま》の方言《ほうげん》で、ゴボウのことです。
土《つち》の中《なか》でとても長《なが》く育《そだ》ち、掘《ほ》っても掘《ほ》っても
その先《さき》までなかなか届《とど》きません。
なぜ？　と思《おも》ったことを、ゴンボの先《さき》まで
土《つち》を掘《ほ》り起《お》こして調《しら》べるような好奇心《こうきしん》を持《も》ちつづければ、
夢《ゆめ》をかなえることに役立《やくだ》つでしょう。

Q 相手《あいて》と競争《きょうそう》するとき

ライバルがいるからこそ、人《ひと》は成長《せいちょう》できる

競争《きょうそう》をすることで人《ひと》は互《たが》いに成長《せいちょう》します。
正々堂々《せいせいどうどう》、ライバルと競争《きょうそう》することで、
自分《じぶん》も相手《あいて》も成長《せいちょう》し夢《ゆめ》に近《ちか》づけます。
またライバルの関係《かんけい》がつづけば自然《しぜん》と心《こころ》が通《つう》じ合《あ》い、
かけがえのない大切《たいせつ》な仲間《なかま》になるでしょう。

オリンピックで競技《きょうぎ》が終《お》わった後《あと》、
メダリストたちがお互《たが》いの成績《せいせき》をたたえ合《あ》う姿《すがた》は感動的《かんどうてき》です。
ライバルとして競《きそ》い合《あ》ってきたからこそ、相手《あいて》を尊敬《そんけい》し、
勝《か》っても負《ま》けても相手《あいて》をたたえることができるのです。

挑《ちょう》戦《せん》しつづけよう

目標《もくひょう》へ向《む》かって努力《どりょく》しましょう。
たとえうまくいかないことがあっても、
あきらめずに
一歩《いっぽ》一歩《いっぽ》進《すす》んでいきましょう。

Q 新《あたら》しいことを始《はじ》めるとき

何事《なにごと》も根《ね》っこが大切《たいせつ》

栗《くり》の実《み》は、長《なが》い時間《じかん》をかけて、
土《つち》の中《なか》で十分《じゅうぶん》に
根《ね》を張《は》り巡《めぐ》らせてから、
地上《ちじょう》に芽《め》を出《だ》します。
土《つち》の中《なか》だから見《み》えないけれど、
大《おお》きく根《ね》を成長《せいちょう》させ、
しっかり準備《じゅんび》をしてから芽《め》を出《だ》すので、
丈夫《じょうぶ》で倒《たお》れません。
このように、何《なに》かを始《はじ》めるとき、
まず基本《きほん》を身《み》につけ、
しっかり備《そな》えをすることが
成功《せいこう》につながります。
他《ほか》の人《ひと》には見《み》えにくく、
気《き》づかれない所《ところ》での努力《どりょく》が、
とても大切《たいせつ》なのです。

Q 成績《せいせき》が良《よ》くないとき

悪《わる》いときこそチャンスなんだ

良《よ》くないことがあったときも
くよくよせず、
次回《じかい》こそ良《よ》い結果《けっか》を出《だ》そうと考《かんが》え、
頑張《がんば》りましょう。
反対《はんたい》に何《なに》かで表彰《ひょうしょう》されるなど、
ほめられたときにはそれで満足《まんぞく》せず、
さらに良《よ》い成績《せいせき》を目指《めざ》して
努力《どりょく》できたら素晴《すば》らしいでしょう。
良《よ》くないからとあきらめたり、
成功《せいこう》したからとなまけてはいけません。
悪《わる》いときこそ成長《せいちょう》するチャンスと考《かんが》え、
努力《どりょく》をつづければ、
良《よ》い結果《けっか》につながります。

Q もっと頑張《がんば》るには

もう紙《かみ》一《いち》枚《まい》の努《ど》力《りょく》

成績《せいせき》をあげたり、何《なに》かを上手《じょうず》にできるようになったりするには、目標《もくひょう》に向《む》かって努力《どりょく》することはもちろんですが、十分《じゅうぶん》頑張《がんば》ったと思《おも》ったあとに、ほんの少《すこ》し「紙《かみ》一《いち》枚《まい》分《ぶん》」の努力《どりょく》を上乗《うわの》せしてみましょう。

紙《かみ》一《いち》枚《まい》は薄《うす》くても、重《かさ》ねつづけていけばどんどん厚《あつ》くなり、いずれ大《おお》きな差《さ》となります。

もう紙《かみ》一《いち》枚《まい》分《ぶん》の努力《どりょく》を繰《く》り返《かえ》しつづけることで、もっともっと大《おお》きく成長《せいちょう》できるのです。

Q 失《しっ》敗《ぱい》したとき

失敗《しっぱい》しても成功《せいこう》せよ

誰《だれ》だって、時《とき》には失敗《しっぱい》することもあります。
仮《かり》に失敗《しっぱい》して誰《だれ》かに何《なに》かを言《い》われても、
しっかり準備《じゅんび》をしていたならば、
何《なに》も恥《は》ずかしくはありません。
失敗《しっぱい》を怖《こわ》がらず、成功《せいこう》するために準備《じゅんび》をして、
チャレンジをすることが大切《たいせつ》です。
しっかり準備《じゅんび》をしていたなら、
もし失敗《しっぱい》しても、きっと成功《せいこう》に近《ちか》づいているはずです。
失敗《しっぱい》は成功《せいこう》の準備《じゅんび》と考《かんが》えて、
あきらめずに挑戦《ちょうせん》すれば、次《つぎ》は成功《せいこう》するものです。

Q すぐになまけてしまう

一歩《いっぽ》一歩《いっぽ》、日々《ひび》歩《あゆ》みつづけることが大事《だいじ》

高《たか》い山《やま》に一歩《いっぽ》一歩《いっぽ》、
苦《くる》しい思《おも》いをしながら登《のぼ》って
頂上《ちょうじょう》にたどり着《つ》いたときと、
ヘリコプターで楽《らく》に
頂上《ちょうじょう》にたどり着《つ》いたとき、
どちらの方《ほう》が「頑張《がんば》った！」と
自分《じぶん》をほめたくなりますか？
楽《らく》をして何《なに》かを得《え》ても、
そこに感動《かんどう》はありません。
目標《もくひょう》に向《む》かって、少《すこ》しずつ取《と》り組《く》む。
予定《よてい》より少《すこ》し多《おお》く取《と》り組《く》む。
それを毎日《まいにち》繰《く》り返《かえ》すには、
強《つよ》い気持《きも》ちが必要《ひつよう》ですが、
ずっとつづけることが、
何《なに》よりも大事《だいじ》な挑戦《ちょうせん》なのです。

Q 面白《おもしろ》いことをやりたい

仕事《しごと》はすべて開拓《かいたく》するもの

家《いえ》のお手《て》伝《つだ》いを自《みずか》ら進《すす》んでやったときと、
家《か》族《ぞく》に言《い》われてやったとき、
どちらが仕《し》事《ごと》がはかどり
気《き》持《も》ち良《よ》くできるでしょうか？
ものごとは自《みずか》らやろうと思《おも》って
取《と》り組《く》まなければ、身《み》が入《はい》りません。
また、もっと上手《じょうず》にできないかと工《く》夫《ふう》し、
自《みずか》ら進《すす》んで取《と》り組《く》めば、
より良《よ》い結《けっ》果《か》になり、
家《か》族《ぞく》も喜《よろこ》んでくれるはずです。
こうしたらもっと上手《じょうず》にできないかと
自《じ》分《ぶん》なりの工《く》夫《ふう》を重《かさ》ねることで、
人《ひと》は成《せい》長《ちょう》していくのです。

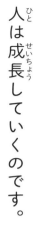

Q もっと高《たか》くジャンプしたい

ホップ、ジャンプに目《め》を奪《うば》われず、ステップ、ステップを

素晴《すば》らしいジャンプを決《き》めるには、
しっかりとした準備《じゅんび》が必要《ひつよう》です。
大《おお》きなジャンプの前《まえ》には、
必《かなら》ずその土台《どだい》となるステップがあります。
華《はな》やかなジャンプに
目《め》を奪《うば》われがちですが、
その準備《じゅんび》にあたる
ステップがなければ成功《せいこう》しません。
準備《じゅんび》となるステップを努力《どりょく》することで
ジャンプの成功《せいこう》が生《う》まれます。
成功《せいこう》の陰《かげ》には努力《どりょく》があります。
もし華麗《かれい》なジャンプを決《き》めたとしても、
それに満足《まんぞく》せず、
より高《たか》いジャンプをするために
努力《どりょく》をつづけましょう。

吉《よし》田《だ》忠《ただ》雄《お》の生《お》い立《た》ち

誕生《たんじょう》
1908年《ねん》
(明治《めいじ》41)

富山県魚津市《とやまけんうおづし》で生《う》まれる

二人《ふたり》のお兄《にい》さんと一緒《いっしょ》に学校《がっこう》に通《かよ》う、元気《げんき》で誰《だれ》にでも思《おも》いやりのある子《こ》どもでした。

7歳《さい》
1915年《ねん》
(大正《たいしょう》4)

ゴンボの末《すえ》

ゴボウの根《ね》の先《さき》がどうなっているのか、何《なん》でも知《し》りたがる好奇心《こうきしん》でいろんなことを学《まな》びました。

ヒバリと根《こん》くらべ

ヒバリの巣《す》を見《み》つけたくて、何時間《なんじかん》でも辛抱強《しんぼうづよ》く観察《かんさつ》する、決《けっ》してあきらめない根気強《こんきづよ》さは、新《あたら》しい考《かんが》えや発見《はっけん》につながりました。

偉人《いじん》の本《ほん》

カーネギーの本《ほん》を読《よ》んでとても感動《かんどう》。その言葉《ことば》をずっと大切《たいせつ》にしました。

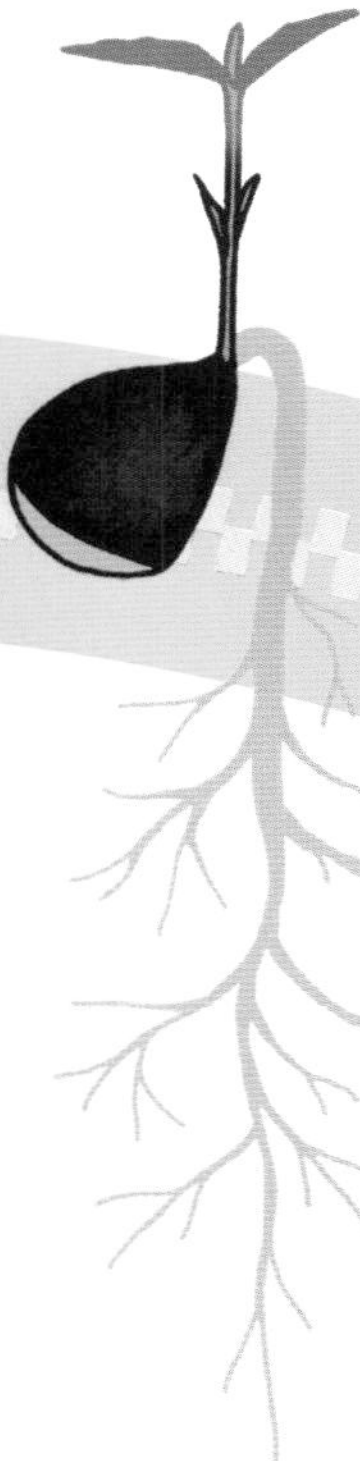

栗《くり》の木《き》の根《ね》

小《ちい》さな栗《くり》の木《き》の芽《め》でも、
地面《じめん》の下《した》には、たくさんの根《ね》が
ぎっしりと張《は》っている。
大《おお》きくなるには、しっかりと
根《ね》を張《は》ることが
大切《たいせつ》だと知《し》りました。

竹《たけ》の皮《かわ》

友《とも》だちと、竹《たけ》の皮《かわ》を集《あつ》めたり、
魚《さかな》を捕《と》って売《う》ったり…

いつも、まわりの人《ひと》が喜《よろこ》ぶことをしました。

まわりの人《ひと》が喜《よろこ》ぶことをすれば
それは、自分《じぶん》の喜《よろこ》びにもなり
成長《せいちょう》につながる。

「もうすぐ、洋服《ようふく》を着《き》る時代《じだい》が来《く》る！
洋服《ようふく》にかかわる仕事《しごと》がしたい！」と
夢《ゆめ》を持《も》ちました。

夢《ゆめ》をかなえるために東京《とうきょう》へ

東京《とうきょう》のつぼを売《う》る会社《かいしゃ》で、毎日《まいにち》、配達《はいたつ》や販売《はんばい》の仕事《しごと》をしました。人一倍《ひといちばい》、汗《あせ》を流《なが》して働《はたら》き、とても頼《たよ》りにされるようになりました。

20歳《さい》
1928年《ねん》
（昭和《しょうわ》3）

このころのファスナーは、手《て》づくりだったため、すぐに壊《こわ》れてしまうモノもたくさんありました。

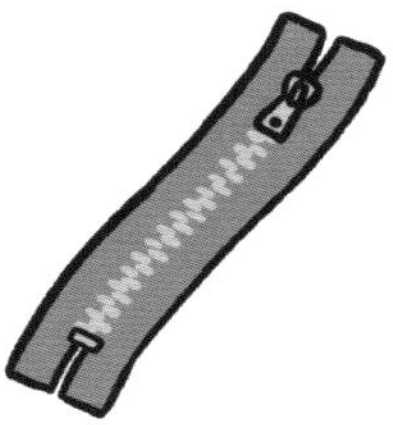

ファスナーとの運命《うんめい》の出会《であ》い

会社《かいしゃ》でファスナーを売《う》るようになり、その後《ご》、忠雄《ただお》はファスナーの商売《しょうばい》に挑戦《ちょうせん》することにしました。

初《はじ》めての自分《じぶん》の会社《かいしゃ》

東京《とうきょう》の日本橋《にほんばし》で仲間《なかま》と3人《にん》で会社《かいしゃ》を始《はじ》めました。忠雄《ただお》は、丈夫《じょうぶ》で使《つか》いやすいファスナーを、自分《じぶん》たちの手《て》でつくろうと考《かんが》えました。

26歳《さい》
1934年《ねん》
（昭和《しょうわ》9）

30歳《さい》
1938年《ねん》
(昭和《しょうわ》13)

新《あら》たな工場《こうじょう》ができる

忠雄《ただお》がつくるファスナーが評判《ひょうばん》になり、新《あたら》しい工場《こうじょう》を建《た》てて、大勢《おおぜい》の人《ひと》が働《はたら》くようになりました。

二人《ふたり》のお兄《にい》さんも上京《じょうきょう》し、忠雄《ただお》と一緒《いっしょ》にファスナーをつくるようになりました。

37歳《さい》
1945年《ねん》
(昭和《しょうわ》20)

負《ま》けるものか！

戦争《せんそう》でファスナー工場《こうじょう》が焼《や》け、すべてを失《うしな》ってしまいました。それでも忠雄《ただお》はあきらめませんでした。

ふるさと魚津《うおづ》に帰《かえ》って、再起《さいき》を誓《ちか》う

忠雄《ただお》は前《まえ》にも増《ま》してファスナーづくりに一生懸命《いっしょうけんめい》励《はげ》みました。

39歳《さい》
1947年《ねん》
(昭和《しょうわ》22)

アメリカ製《せい》ファスナーに危機感《ききかん》

アメリカの機械《きかい》でつくられたファスナーを見《み》てびっくり！それは、日本《にほん》の手作業《てさぎょう》でつくったモノより、ずっと丈夫《じょうぶ》で立派《りっぱ》なファスナーでした。

もう手作業《てさぎょう》ではだめだ！
機械《きかい》でつくらないと、日本《にほん》のファスナーをつくる会社《かいしゃ》はつぶれてしまう！

次々《つぎつぎ》に、ファスナーが自動《じどう》でつくられ
その性能《せいのう》に、みんなビックリ！

42歳《さい》
1950年《ねん》
（昭和《しょうわ》25）

ファスナー自動製造機《じどうせいぞうき》
苦労《くろう》の末《すえ》に、アメリカから
ファスナーを自動《じどう》でつくる
機械《きかい》を手《て》に入《い》れました。

46歳《さい》
1954年《ねん》
（昭和《しょうわ》29）

欧米視察旅行《おうべいしさつりょこう》
世界中《せかいじゅう》を見《み》てまわり、
世界《せかい》の仲間《なかま》と一緒《いっしょ》に
ファスナーをつくる、
大《おお》きな夢《ゆめ》をえがきました。

47歳《さい》
1955年《ねん》
（昭和《しょうわ》30）

富山県黒部市《とやまけんくろべし》に工場完成《こうじょうかんせい》
ファスナーをつくる機械《きかい》や
材料《ざいりょう》の金属《きんぞく》や布地《ぬのじ》のテープも
自分《じぶん》たちの手《て》でつくりました。

黒部市《くろべし》から「ぜひ黒部《くろべ》に工場《こうじょう》を！」
と誘《さそ》われたのです。

51歳《さい》
1959年《ねん》
（昭和《しょうわ》34）

いよいよ世界《せかい》へ
ニュージーランド、アメリカ、オランダ……
世界中《せかいじゅう》に工場《こうじょう》を建《た》て
ファスナーづくりに挑戦《ちょうせん》しました。

乱暴《らんぼう》に使《つか》われても壊《こわ》れにくい
ファスナーを開発《かいはつ》し、
アメリカの人《ひと》たちに
受《う》け入《い》れられました。

66歳《さい》
1974年《ねん》
(昭和《しょうわ》49)

カーターさんとの出会《であ》い

アメリカのカーターさんと友《とも》だちになり「世界中《せかいじゅう》に幸《しあわ》せの輪《わ》を広《ひろ》げましょう!」と約束《やくそく》しました。

70歳《さい》
1978年《ねん》
(昭和《しょうわ》53)

世界的《せかいてき》ブランドとの取引《とりひき》

アメリカの大手《おおて》ジーンズ会社《がいしゃ》がYKK《ワイケイケイ》のファスナーを採用《さいよう》しました。

カーターさんは、
そののちアメリカの
大統領《だいとうりょう》になりました。

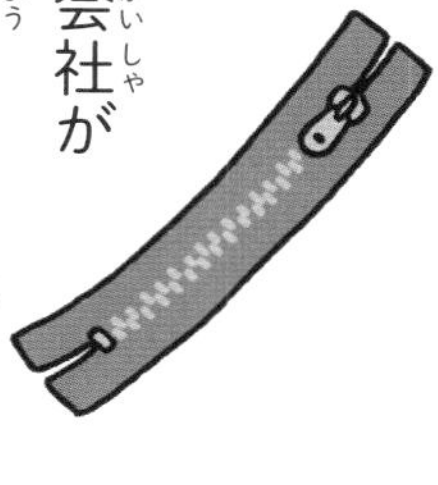

76歳《さい》
1984年《ねん》
(昭和《しょうわ》59)

YKK《ワイケイケイ》創業《そうぎょう》50周年《しゅうねん》

忠雄《ただお》の挑戦《ちょうせん》がスタートしてから50年《ねん》、日本《にほん》をはじめ、40もの国々《くにぐに》で工場《こうじょう》が建《た》てられ2万人《まんにん》以上《いじょう》が会社《かいしゃ》を支《ささ》える仲間《なかま》となったのです。

こうして吉田忠雄《よしだただお》は世界《せかい》のファスナー王《おう》と呼《よ》ばれるようになったのです。

吉田忠雄《よしだただお》とファスナー

1938年《ねん》、東京江戸川区小松川《とうきょうえどがわくこまつがわ》にファスナーをつくる工場《こうじょう》を建設《けんせつ》したころの忠雄《ただお》の会社《かいしゃ》の広告《こうこく》。

このころ、大阪《おおさか》に日本《にほん》で初《はじ》めてのプラネタリウムがつくられました。

このころ、東京《とうきょう》〜横浜間《よこはまかん》に日本《にほん》で初《はじ》めての電話《でんわ》が開通《かいつう》しました。

1891年《ねん》、アメリカのホイットコム・ジャドソンが、世界最初《せかいさいしょ》のファスナーを発明《はつめい》しました。太《ふと》っておなかのでていたジャドソンは、靴《くつ》ひもを結《むす》ぶことが難《むずか》しく、それを解決《かいけつ》しようと考《かんが》えたのがファスナーでした。

この年《とし》、東京《とうきょう》の渋谷駅《しぶやえき》に忠犬《ちゅうけん》ハチ公《こう》の銅像《どうぞう》がつくられました。

1934年《ねん》、吉田忠雄《よしだただお》は東京《とうきょう》の日本橋《にほんばし》にファスナーを扱《あつか》う会社《かいしゃ》を創業《そうぎょう》します。

この年《とし》、ディズニーのアニメ映画《えいが》『蒸気船《じょうきせん》ウィリー』がアメリカで上映《じょうえい》され、ミッキーマウスとミニーマウスが誕生《たんじょう》しました。

昭和《しょうわ》の初《はじ》めころ、日本《にほん》でもファスナーがつくられ始《はじ》めました。1928年《ねん》、ふるさと魚津《うおづ》から上京《じょうきょう》した吉田忠雄《よしだただお》は、陶器《とうき》の輸入《ゆにゅう》・販売《はんばい》などをするお店《みせ》で働《はたら》き始《はじ》めます。のちにこの店《みせ》でファスナーを扱《あつか》うようになったのが、忠《ただ》雄《お》とファスナーとの出会《であ》いでした。

1940年《ねん》

このころのファスナーは一《ひと》つ一《ひと》つ手《て》づくりだったため、品質《ひんしつ》にばらつきがあり、すぐに壊《こわ》れてしまうモノもたくさんありました。吉田《よしだ》忠雄《ただお》は丈夫《じょうぶ》で使《つか》いやすいファスナーづくりに挑戦《ちょうせん》します。

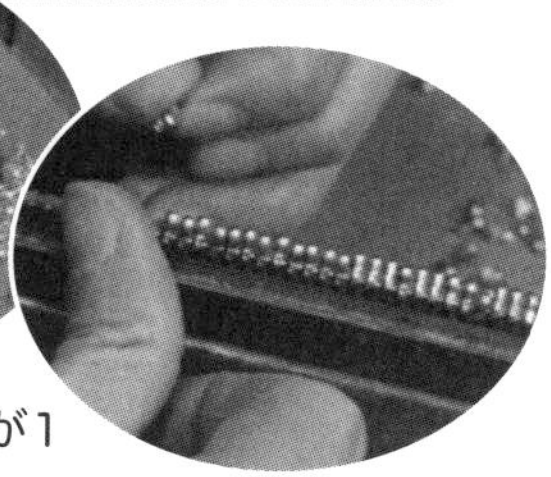

手《て》づくりでは、熟練《じゅくれん》した職人《しょくにん》が1日《にち》働《はたら》いても100本《ぽん》くらいのファスナーしかつくれませんでした。

この年《とし》、のちの紅白《こうはく》歌合戦《うたがっせん》となるラジオ番組《ばんぐみ》「紅白《こうはく》音楽《おんがく》試《じ》合《あい》」が大《おお》みそかに放《ほう》送《そう》されました。

1945年《ねん》、戦争《せんそう》で東京《とうきょう》の工場《こうじょう》が焼《や》けてしまい、ふるさと魚津《うおづ》に疎開《そかい》して、ファスナーづくりを再開《さいかい》しました（写真《しゃしん》は魚津《うおづ》の工場《こうじょう》）。

1940年《ねん》、法隆寺《ほうりゅうじ》に日本《にほん》で初《はじ》めての蛍光灯《けいこうとう》が設置《せっち》されました。

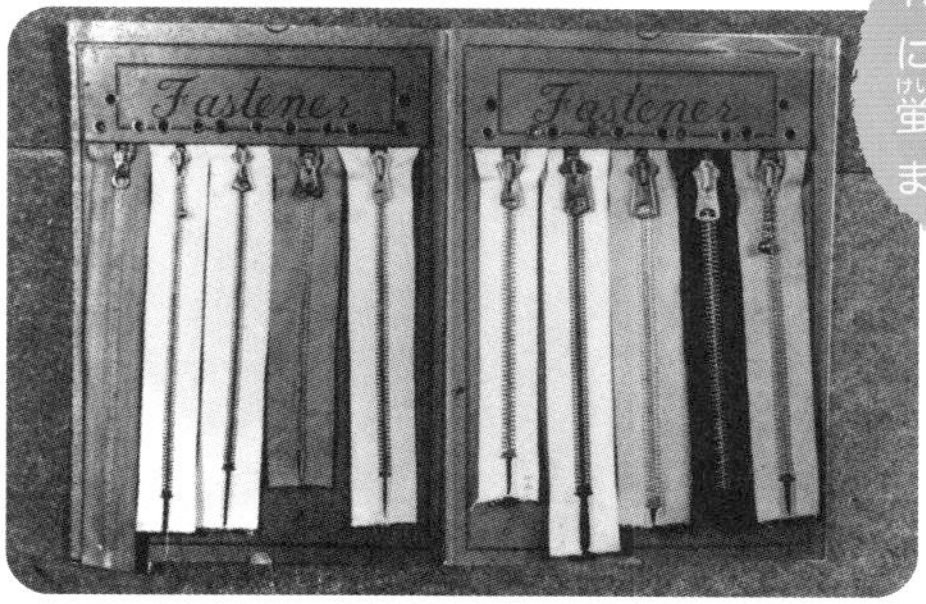

1940年前後《ねんぜんご》のファスナー見本《みほん》。こんなに昔《むかし》から、アメリカやカナダ、メキシコ、インド、南米《なんべい》などにファスナーの輸出《ゆしゅつ》をしていました。

1950年《ねん》

このころ、日本《にほん》の自動車《じどうしゃ》メーカーが次々《つぎつぎ》と新《あたら》しい車《くるま》を販売《はんばい》し始《はじ》めました。

1958年《ねん》、アメリカから輸入《ゆにゅう》した機械《きかい》を参考《さんこう》にして研究《けんきゅう》を進《すす》め、自分《じぶん》たちの手《て》で、ファスナー自動製造機《じどうせいぞうき》をつくりだしました。

国内初《こくないはつ》となる「東海《とうかい》道新幹線《どうしんかんせん》」が、1959年《ねん》に工事《こうじ》を開始《かいし》し、1964年《ねん》に完成《かんせい》しました。

1950年代後半《ねんだいこうはん》に、自分《じぶん》たちの手《て》でつくりだしたファスナーを世界中《せかいじゅう》の人《ひと》たちへ届《とど》けるため、世界一周旅行《せかいいっしゅうりょこう》に何回《なんかい》も出《で》かけ、たくさんの人《ひと》たちと出会《であ》いました。

このころ、服《ふく》などの衣料品《いりょうひん》は国《くに》が一人《ひとり》一人《ひとり》に配《くば》る「配給制《はいきゅうせい》」でした。1951年《ねん》にようやく自由《じゆう》に服《ふく》を売《う》ったり買《か》ったりできるようになりました。

このころ、アメリカでは安《やす》くて品質《ひんしつ》の良《よ》いファスナーが、機械《きかい》でつくられていることを知《し》った吉田忠雄《よしだただお》は、苦労《くろう》の末《すえ》にアメリカ製《せい》のファスナー自動製造機《じどうせいぞうき》を輸入《ゆにゅう》します。手《て》づくりとくらべ、はるかに品質《ひんしつ》の良《よ》いファスナーが、50倍《ばい》もの速《はや》さでつくれるようになりました。

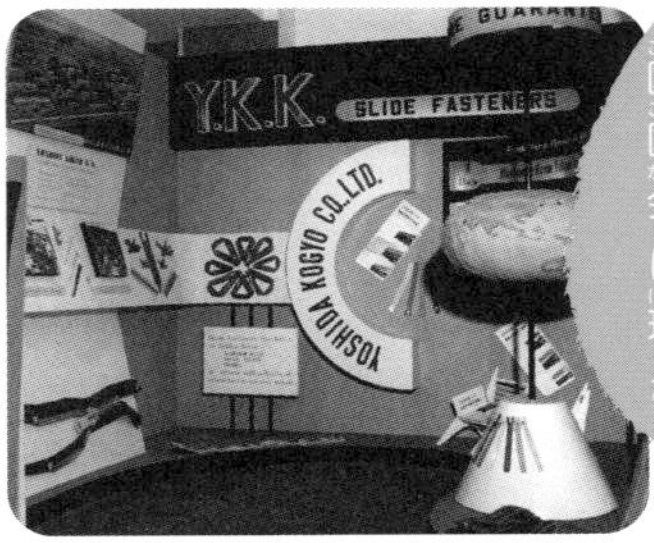

国際見本市《こくさいみほんいち》とは、世界各国《せかいかっこく》の商品《しょうひん》を紹介《しょうかい》する展示会《てんじかい》で、日本《にほん》では1954年《ねん》に初《はじ》めて開《ひら》かれました。現在《げんざい》でも世界各地《せかいかくち》で開催《かいさい》されています。

1950年代《ねんだい》から、東京《とうきょう》や大阪《おおさか》で行《おこな》われた国際見本市《こくさいみほんいち》にファスナーを出展《しゅってん》するようになりました。

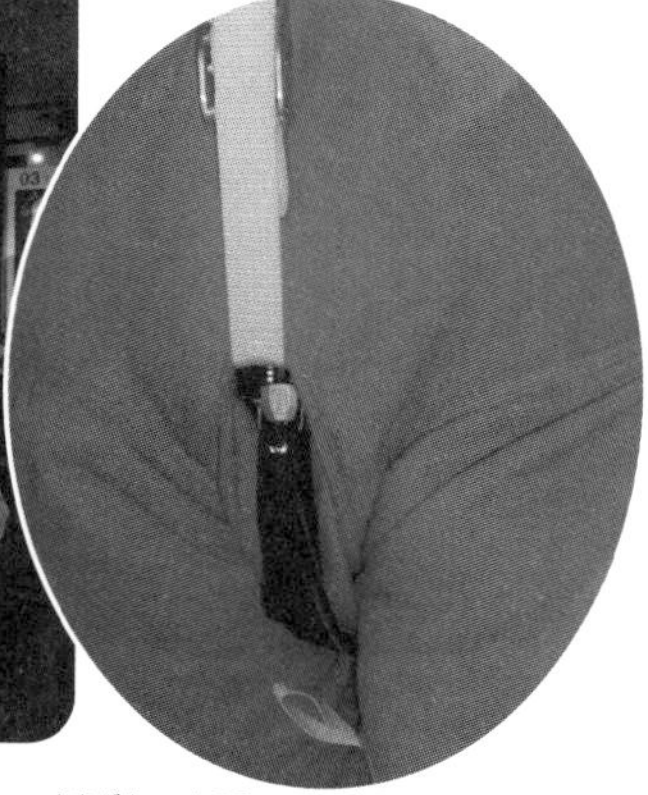

ファスナーは身《み》の回《まわ》りの様々《さまざま》な所《ところ》で利用《りよう》されています。写真《しゃしん》は、空気《くうき》も水《みず》も通《とお》さないファスナーを用《もち》いた宇宙服《うちゅうふく》。2011年《ねん》にアメリカのスペースシャトルで使《つか》われました。

1959年《ねん》に旅行《りょこう》などで海外《かいがい》へ行《い》った日本人《にほんじん》は約《やく》９万《まん》人《にん》でしたが、2018年《ねん》には約《やく》1900万人《まんにん》に拡大《かくだい》。60年間《ねんかん》で200倍以上《ばいいじょう》に増加《ぞうか》しました（法務省出入国管《ほうむしょうしゅつにゅうこくかん》理統計《りとうけい》より）。

1959年《ねん》、世界各地《せかいかくち》に会社《かいしゃ》や工場《こうじょう》を建《た》てて、世界中《せかいじゅう》の仲間《なかま》たちと一緒《いっしょ》にファスナーをつくることに挑戦《ちょうせん》を始《はじ》めました。写真《しゃしん》は、初《はじ》めて海外《かいがい》につくったニュージーランドの会社《かいしゃ》。

アメリカで生《う》まれたジーンズは1950～60年代《ねんだい》にかけて若者《わかもの》のファッションとして広《ひろ》がり、1970年代《ねんだい》には日本《にほん》でも普及《ふきゅう》しました。

1978年《ねん》、アメリカの大手《おおて》ジーンズ会社《がいしゃ》に吉田忠雄《よしだただお》の会社《かいしゃ》のファスナーが採用《さいよう》され、忠雄《ただお》のファスナーはより多《おお》くの人《ひと》たちに使《つか》われるようになりました。

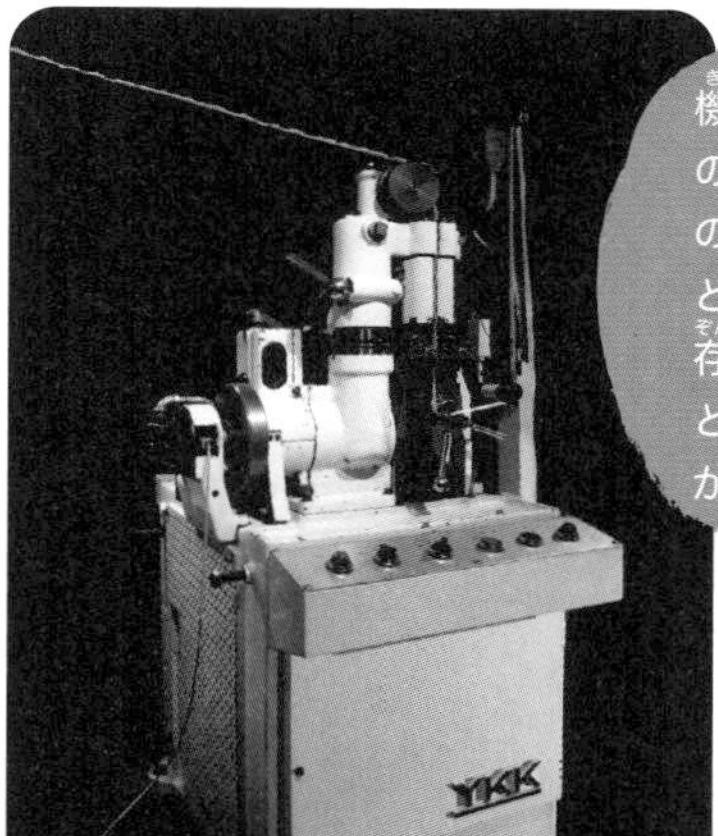

機械遺産《きかいいさん》とは、日本《にほん》の近代化《きんだいか》や機械技術《きかいぎじゅつ》の発展《はってん》に貢献《こうけん》するなど、後世《こうせい》に伝《つた》えて保《ほ》存《ぞん》すべき機械《きかい》などのことで、日本機械学会《にほんきかいがっかい》が認定《にんてい》します。

2011年《ねん》、丈夫《じょうぶ》で使《つか》いやすいファスナーをつくるために、自分《じぶん》たちの手《て》でつくったファスナー自動製造機《じどうせいぞうき》が日本《にほん》の歴史的意義《れきしてきいぎ》のある機械《きかい》として認《みと》められ、機械遺産《きかいいさん》に認定《にんてい》されました。

YKK

1984年《ねん》、創業《そうぎょう》して50年《ねん》のころのファスナー生産量《せいさんりょう》は1年間《ねんかん》で地球《ちきゅう》50周分《しゅうぶん》、社《しゃ》員数《いんすう》は2万人以上《まんにんいじょう》になりました。

この年《とし》、アメリカで、スペースシャトルディスカバリー号《ごう》のロケット打《う》ち上《あ》げが成功《せいこう》しました。

ことば　吉田 忠雄

絵　平澤 南

デザイン　小沼 孝至

編集　森 康浩

製作　株式会社千広企画

監修　吉田 忠裕
吉﨑 秀雄

協力　魚津市教育委員会
魚津市教職員の皆様
野口 高志　野村 明男
寺崎 修　富川 貴徳
吉森 由美子

企画　YKK株式会社
YKK AP株式会社

構成　YKKグループ 吉田忠雄物語プロジェクトチーム
大野木 輝明　川畑 滝二
熊谷 一廣　神谷 真理子
佐藤 碧　中林 真也子

みんなに伝《つた》えたい
世《せ》界《かい》のファスナー王《おう》 吉《よし》田《だ》忠《ただ》雄《お》のことば

発行日　2020年5月6日　初版第一刷
ことば　吉田 忠雄
発行所　株式会社千広企画
〒101-0023 東京都千代田区神田松永町23 NC島商ビル9階
電話 03-3526-4511
発行人　石井 政勝
発売所　サンクチュアリ出版
印刷・製本　株式会社すがの印刷
〒938-0802 富山県黒部市若栗2630
電話 0765-54-0112

ISBN978-4-8014-9901-0 C8037